Wildschöner Naturgarten

Wolf-Dietmar und Ursula Unterweger

Wildschöner Naturgarten

Stürtz Verlag Würzburg

Literaturverzeichnis

Hartmut Wilke
Der Naturteich im Garten
Gräfe und Unzer GmbH, München

Karl Ludwig
Kletterpflanzen
BLV Verlagsgesellschaft mbH, München, 1985

Urs Schwarz
Der Naturgarten
Wolfgang Krüger Verlag GmbH, Frankfurt, 1980

Reinhard Witt
Zeitschrift »Natur« – Landschaftselemente
Ringier Verlag GmbH, München

Bund für Umwelt und Naturschutz Deutschland e.V.,
Landesverband Hessen
Der naturnahe Garten – Praktische Tips
Nexus Verlag, Frankfurt, 1985

Akademie für Naturschutz und Landschaftspflege
Naturschutz im Garten
Laufen/Salzach, 1985

Satz, Druck und Bindearbeiten:
Universitätsdruckerei H. Stürtz AG, Würzburg

ISBN 3 8003 0296 9

Unserer Mutter in Dankbarkeit gewidmet

Inhalt

Wie kam es nur....

Sind unsere heutigen Gärten mit glattgeschorenem Rasen, hochgezüchteten Blumen und exotischem Buschwerk eigentlich noch Gärten? Steril und sauber bauen wir uns in unserer nächsten Umgebung eine Scheinnatur auf. Kaum ein Tier kann hier noch überleben. Der Mensch, der nahezu seine gesamte Freizeit im Garten verbringt, befriedigt dort seinen Sauberkeitswahn und seinen Perfektionismus.
Jedem Kraut, das von selbst gewachsen ist, wird ein Ende bereitet. So kann er den Garten nicht als Ort der Erholung und Entspannung genießen. Unsere Gärten sind ein Abbild unserer heutigen Lebenshaltung: wohlgepflegt, mit einem Hauch von Wohlstand umgeben. Jeder meint den schönsten Garten zu besitzen, dennoch sind sie alle gleich. Durch diese Denkweise und mangelnde Besinnung beginnt bereits im eigenen Garten die Umweltzerstörung.
Doch immer mehr verstärkt sich in unserer heutigen Zeit die Auffassung, daß die Welt in einer Katastrophe enden wird, falls der Mensch dieses Verhalten nicht ändert. Das Thema Umweltkrise und Naturzerstörung ist in aller Munde. Es wird von uns allen abhängen, ob der Nobelpreisträger Max Born recht behält, als er vor Jahren kurz und treffend bemerkte: »Der Versuch der Schöpfung, auf Erden ein denkendes Wesen hervorzubringen, muß als gescheitert angesehen werden.«

Der Mensch ist ein Geschöpf unter Geschöpfen und so muß er sich auch verhalten im Umgang mit der Natur. Mit ihrer Zerstörung wird auch die Schöpfung Gottes zerstört. Der Mensch hat den Auftrag, sich den Garten Eden zu schaffen und ihn gleichermaßen zu bewahren.
Der größte Gewinn, den unser Jahrhundert aufzuweisen hat, ist nach unserem Dafürhalten die Gewißheit einer neu begriffenen Abhängigkeit des Menschen von der Natur und die Erkenntnis der Notwendigkeit, bescheiden zu werden, Maß zu halten. Bescheiden in allen Dingen des Lebens, wie im Verbrauch von Natur. Denn diese ist keine einfach kostenlos konsumierbare Ware. Mit dem uns Umgebenden muß aus pragmatischen Gründen, der Notwendigkeit zum einfachen Überleben, aus ethischem und religiösem Grund, der Ehrfurcht vor dem Eigenwert der Natur, behutsam umgegangen werden. Es gilt die menschlichen Sinne zu reaktivieren, sie hellhörig, feinfühlig und sensibel werden zu lassen, um so den Sinn für das Natürliche neu zu erleben, um bedrohliche Veränderungen in unserer Natur rechtzeitig zu erkennen und einschätzen zu lernen.
Wer die tiefe Zusammengehörigkeit zwischen Tier, Mensch und Pflanze fühlt, der ahnt, daß der Mensch nie und nimmer im Mittelpunkt des Lebens stehen kann und ist dadurch genügend motiviert, den Schutz der Natur als göttliche Aufgabe und Pflicht zu sehen, um so ihre Schönheit und Werte zu kultivieren.
Wir alle wissen: unsere Welt ist nicht mehr heil! »Heile Welt« muß dort zunächst erhalten und neu

geschaffen werden, wo dies am leichtesten zu bewerkstelligen ist: vor der Haustüre. Hier ist uns ein Stück Natur zu eigen. Hier können wir unter Beweis stellen, wie es um unsere Glaubwürdigkeit in Sachen »Zurück zur Natur« bestellt ist. Unser Herz schlägt im Einklang mit der Schöpfung und als Sehende gehen wir durch den Garten, entwickeln dabei immer mehr Passivität der Natur gegenüber, lassen die Hacke im Schuppen, die Wildkräuter – oft als Unkräuter mißverstanden – im Garten und die Schädlingsvernichtungsmittel im Regal stehen. Von nun ab verstehen wir unter Gartenarbeit, die Pflanzen in unserer Obhut ihrer Art gemäß zu schützen.

Der Naturgarten hat viele Elemente

Haben Sie sich für einen Naturgarten entschieden, werden Sie feststellen, daß Ihr Garten zunächst das Mißfallen und Kopfschütteln Ihrer Nachbarn hervorruft. Aber bestärkt durch die Erkenntnis, daß Naturschutz zuallererst zu Hause anfangen muß, werden Sie sich von ihrer Idee nicht mehr abbringen lassen. Mit Genugtuung nehmen Sie auf einmal auch anderswo die ersten zaghaften Versuche in Richtung Naturgarten wahr.

Berücksichtigen Sie die natürlichen Gegebenheiten in Ihrem Garten, nicht nur bei der Auswahl der Pflanzen, sondern auch bei der Wahl der Gartenelemente, wie einem Teich, einer Naturwiese, einem Moderplatz etc.. Es geht nicht darum, den Garten mit großem finanziellem Aufwand und Perfektionismus zur Schau zu stellen, sondern einzig und allein um die Erschaffung natürlicher Lebensräume.
Pflanzen Sie heimische, standortgerechte Gehölze. Legen Sie sich eine Blumenwiese und einen Gartenteich an. Versehen Sie Ihre Wege und Plätze mit einem pflanzenfreundlichen Belag. Bauen Sie Ihr Obst und Gemüse ohne Kunstdünger und chemische Unkraut- und Schädlingsvertilgungsmittel an. Ganz von allein wird sich dann eine artenreiche Vielfalt von Tieren und Pflanzen – ein biologisches Gleichgewicht – einstellen.
Wir laden Sie nun ein zu einem Rundgang durch den Naturgarten. Alle der hier im folgenden aufgeführten Elemente kann nur ein großer Garten aufweisen. Grundsätzlich kommen nur natürliche, nicht energieintensive Baustoffe als Hilfsmittel, die für die betreffende Region auch typisch sind, zur Verwendung. Gestalten Sie Ihren Garten abwechslungsreich mit feuchten, trockenen, schattigen und sonnigen Stellen, die Sie über natürliche Wege erreichen.

Der Gartenweg

Zuallererst ist es notwendig, daß Sie Ihren Weg dem Gelände des Gartens anpassen, denn die Natur kennt keine mit dem Lineal gezogenen Pfade. Diese verlaufen in Kurven und Biegungen, uneben und selten direkt. Beton, Asphalt, Verbundsteine, Pflastersteine, die Fugen mit Teer versiegelt, damit alles Pflanzliche dazwischen abstirbt: das gehört der Vergangenheit an. Ihr Weg ist ein Lebensweg. Sie, die Tiere und Pflanzen, alle profitieren von ihm. Am wenigsten Arbeit wird Ihnen die Anlage eines Trampelpfades machen, denn dieser bildet sich von selbst, an den Stellen, die Sie häufig begehen. Wird er aber nur selten begangen, so müssen Sie diesen Wiesenweg ab und zu mähen. Kies, Schotter, lose Steine, rohe Platten, allesamt aus erdnahen Materialien, geben Ihrem Gartenweg eine lebendige Oberfläche. Mit diesen Materialien läßt sich ein wetterfester Weg anlegen, der zum beschaulichen Begehen einlädt. Entfernen Sie nicht den natürlichen Belag, wie Moos und Flechten. Denn ohne Moos ist nichts los! Mauerasseln, Springschwänze, Ameisen, Regenwürmer und Käfer, alle diese Tiere, die hier ihr Zuhause haben, würden sich erschrecken und sich auf Nimmerwiedersehen zurückziehen. Ihren lebendigen Weg säumt wieder die Königskerze, die Nachtkerze, Schafgarbe und die himmelblaue Wegwarte. Was wir brauchen, sind eigensinnige, individuelle Wege: Wege, die nicht weg von der Natur, sondern hin zur Natur führen.

Die Naturwiese

Wenn Sie sich zurückhalten mit dem wöchentlichen Rasenmäherschieben und dem Düngen, dann trägt diese »wilde Idee« alsbald bunte Früchte. Ihr ehemals braver, gestreßter Einheitsrasen wandelt sich allmählich in eine bunte Wiese um, die Ihnen nur noch wenig Arbeit macht, kaum noch Kosten verursacht, aber ökologisch äußerst wertvoll und von hohem ästhetischem Wert ist. Wer diese echte, wilde, vielfältig blühende Naturwiese anlegen möchte, der muß der Natur freien Lauf, sie gewähren und ihr auch Zeit lassen. Die Anlage einer artenreichen Blumenwiese erfordert neben Geduld auch einiges an Wissen, um später nicht enttäuscht zu sein.
Zunächst müssen Sie das Gras etwas zurückdrängen und das gemähte sofort wegschaffen, denn es würde dem Boden wieder überflüssige Nährstoffe zuführen. Magern Sie am besten den Rasen durch gänzliches Umgraben oder Aufritzen und anschließendem Einbringen einer dünnen Schicht von Sand aus. Wenn Sie diesen mühevollen Arbeitsaufwand scheuen, so begnügen Sie sich mit dem Umgraben einzelner Teilflächen (ca. 1 m^2). In die lichten Rasenflächen setzen Sie die Wildpflanzen, die Sie am besten als Keimlinge vorgezogen haben, bzw. säen Sie Ihre Blumenwiesenmischung ein. Wegen der im Sommer allzuoft herrschenden Trockenheit ist es ratsam, im Frühjahr oder Herbst – bis Ende September – die Einsaat vorzunehmen. Achten Sie unbedingt darauf, daß die Saat bis zur Keimung feucht

gehalten wird. Wenn Sie eine Wiese neu einsäen und nicht nur Ihre Rasenfläche sukzessive umwandeln wollen, dann sollten Sie Ihrer Wildblumenmischung unbedingt niedrigbleibende, horstbildende Gräser, wie Goldhafer, Zittergras, Wiesenrispe, Kammgras oder Rotschwingel beimischen. Im Laufe der Zeit gesellen sich in Ihrer Wiese neue Pflanzen hinzu, während die anfangs hochgekommenen wieder verschwinden. Dieser natürliche Artenumbau kann einige Jahre dauern. So bleibt von der reichen Pracht des ersten Jahres oft nicht viel übrig. Eine Unzahl verschiedenartiger Pflanzen hat in ihrer echten Wiese ihre ökologische Nische gefunden: wie der Sauerampfer, die Kamille, der Hirtentäschel, die Vogelmiere, das Knäulgras, der Weißklee, die Wiesenmargerite, der Spitzwegerich, der gemeine Löwenzahn, der Wiesenbocksbart, die Wiesenflockenblume, der gemeine Hornklee, der Glatthafer, die Glockenblume, die Kuckuckslichtnelke, der Wiesensalbei, der Wiesenknöterich, das gewöhnliche Hornkraut, das gemeine Ferkelkraut, der Gamander Ehrenpreis, der Hahnenfuß, das Ruchgras, die Grassternmiere, das Wollige Honiggras und viele andere mehr. Es ist nun sehr wichtig, daß die Blumen und Pflanzen bis zur Blütenbildung und Samenreife auswachsen dürfen, damit sie sich selber verbreiten und erhalten können. Schmetterlinge, Bienen, Hummeln, Schwebefliegen, Heuschrecken, Spinnen, Laufkäfer, Asseln, Ameisen und Vögel, alle diese Tiere finden sich ein, jedes zu seiner Zeit. Ebenso wichtig ist, daß diese bunten Wiesen, will man ihre Artenvielfalt und den Lebensraum vieler Tierarten erhalten, mindestens einmal im Jahr gemäht werden müssen, denn sonst würden immer mehr Gehölze und konkurrenzstarke Stauden eindringen. Am besten mähen Sie Ihre Wiese jedoch jährlich zweimal, Mitte Juli und im September/Oktober. Entfernen Sie das gemähte Gras erst nach zwei bis drei Tagen, damit der Samen abgefallen ist. Sollte Ihrem »wilden Grün« trotz Geduld kein Erfolg beschieden sein, so greifen Sie nicht gleich wieder zum Rasenmäher, sondern zu einer anderen Blumenmischung, bei der es nicht nur auf der Packung blüht.

Die begrünte Hauswand

Allerorts wird wieder das Fassadengrün propagiert; denn es gibt so viele kahle Wände – kalt, leer und hart. Ein Haus ohne Spalierbaum oder Strauch war früher undenkbar. Pflanzen Sie wieder Kletterpflanzen, denn damit helfen Sie, unsere Umwelt lebenswerter zu gestalten. Sie beleben triste Mauern und gestalten sie wieder ansehnlicher, geben Sichtschutz und sind ein Stück Natur an Ihrem sonst so nackt und leblos dastehenden Haus. Von Bäumen unterscheiden sich Kletterpflanzen dadurch, daß sie ihre Blätter um das Haus legen. Sie können dennoch wie Bäume sein: blühen im Frühsommer, sind sattgrün im Sommer, tragen im Herbst Früchte und sind bunt.

So erfreuen berankte Häuser und Mauern nicht nur das Auge, sondern verbessern auch das Klima. Im Sommer spenden sie Schatten, kühlen die Hauswand und schützen das Mauerwerk vor Regen. Nicht zu unterschätzen ist auch die Wärmedämmung der Blätter, ihre staubbindende Wirkung und die Verbesserung der Luft durch Aufnahme von Kohlendioxid, Abgabe von Sauerstoff und Verdunstung von Wasser. Selbst im Winter hält das Blattwerk des immergrünen Efeus das Haus warm. Die Wirkung der Kletterpflanzen ist dieselbe wie von Bäumen, nur nehmen sie weniger Platz ein. Mit ihnen holen Sie sich die Natur vors Fenster. Aber haben Sie keine Angst, daß Ungeziefer durch die begrünte Fassade ins Haus gelangt. Ganz läßt sich das nicht ausschließen. Wo es Fliegen und Käfer gibt, finden sich auch andere Tiere ein, die voneinander leben und sich gegenseitig unter Kontrolle halten. Längst haben wir wieder erkannt, daß die verfemten Spinnen weniger Schädlinge als vielmehr wertvolle Nützlinge sind. Vögel, die Ihre Hauswand besuchen, um dabei Insekten zu vertilgen und in den Kletterpflanzen zu nisten, werden Ihr Herz erfreuen. Immer noch ist das Vorurteil weit verbreitet, daß Kletterpflanzen mit ihren Trieben und Wurzeln an Gebäuden, Wänden und Fundamenten, Schaden anrichten. Das Gegenteil ist jedoch wahr. Die Pflanzen schützen den Putz und das Mauerwerk. Neuere Untersuchungen haben bestätigt, daß der Bewuchs erhebliche bauphysikalische und energetische Vorteile mit sich bringt. Bevor schadhafte Mauern nicht ausgebessert worden sind, dürfen allerdings diese nicht mit selbstklimmenden Arten begrünt werden. Damit man den Fuß des Hauses bepflanzen kann, ist es wichtig, daß auch genügend Erde vor der Hauswand liegt. So sollten die Gehwegplatten nicht zu nahe an die Mauer gelegt werden. Die meisten Pflanzen benötigen eine Kletterhilfe. Hierfür eignet sich ein Lattengerüst aus Holz oder das Anbringen von Spanndrähten. Mit Efeu, Waldrebe, Wildem Wein und Knöterich, um nur einige zu nennen, wächst Ihr Haus viel schöner aus dem Boden Ihres Gartens.

Der Staudengarten

Viele Wildkräuter sind Futterpflanzen für Schmetterlinge. Aber wann haben Sie das letzte Mal oder haben Sie überhaupt schon einen Bläuling, Kleinen Eisvogel, einen Schwalbenschwanz oder Trauermantel gesehen? Von Exoten, wie Rhododendron, Azaleen, Duftschneeball, Zierkirsche, Perückenstrauch und Dentzie haben unsere heimischen Tiere gar nichts. Schnell ist es möglich, Schmetterlinge wieder heimisch werden zu lassen. Schaffen Sie sich in Ihrem Garten Platz für eine bunte Blumenpracht. Es ist nicht schwer, Nützlichkeit und Schönheit in Einklang zu bringen. Legen Sie sich einen Staudengarten, zumindest ein Staudenbeet an oder noch besser mischen Sie die Stauden mit Sträuchern und Einjahresblumen. Wählen Sie aber Ihre Stauden-

pflanzen so aus, daß vom Frühjahr bis in den Herbst hinein etwas blüht. Je mehr Sie diese untereinander mischen und den dazwischen aufkommenden Wildkräutern ihr Lebensrecht belassen, desto unanfälliger gegen Schädlingsbefall und Krankheiten werden sie sein und desto schöner werden sie blühen. Sie werden erkennen, was unsere Vorfahren längst wußten, daß Blumen und Kräuter nur in bestimmten Nachbarschaftsverbänden gut gedeihen. Die Königskerze werden Sie bei den Rosen gut plaziert wissen und auf den Boretsch als verschönernde, nützliche Nebenpflanzung werden Sie nicht mehr verzichten wollen. Das Mutterkraut, welches sich als Nachbarschaftspflanze zu allen anderen Stauden besonders gut eignet, wird von nun ab wieder in Ihrem Garten sein angestammtes Recht zurückerhalten.
Schneiden Sie die Stauden nach der Blüte nicht ab, auch wenn Sie das bis jetzt so gehandhabt haben. Die alten Stengel behindern das Nachwachsen neuaufkommender nicht. Geben Sie auf das Gerede Ihrer Nachbarn nichts. Handeln Sie der Natur zuliebe und lassen Sie die Stauden über den Winter stehen. Es reicht vollkommen, wenn Sie sie erst im April des nächsten Jahres zurückschneiden. In den hohlen Stengeln, den Blattspreiten und Blütenständen werden so Insekten Überwinterungsmöglichkeiten gegeben. Samenfressende Vögel wie der Dompfaff, Zeisig, Meise, Zaunkönig finden einen reich gedeckten Tisch vor und werden es Ihnen danken.

Der Bauerngarten

Die artenreiche Vielfalt althergebrachter Pflanzen in natürlicher Zusammenfindung – das Miteinander von Blumen, Kräutern, Stauden, Sträuchern, Gemüse und Bäumen ist in jahrhundertealter Tradition zu einem natürlichen Lebensraum geworden, der zu verschwinden droht.
Die klassische Aufteilung des Gartens in vier Quadrate oder gleichgroße Rechtecke erzielt ein Wegkreuz. Besonders schön wirkt ein Rondell in der Mitte des Kreuzungspunktes der Wege. Um die geschaffene Ordnung noch zu unterstreichen, sind die Beete mit einer Buchshecke eingefaßt. Die Gesundheit und Fruchtbarkeit Ihres Bodens erhalten Sie durch Düngen; am besten durch Flächenkompostierung. Stellen Sie die vielfältigen Pflanzen durch Mischung so zusammen, daß sie sich gegenseitig unterstützen und schützen. Bevorzugen Sie zur Bepflanzung alte Sorten wegen ihrer besseren Haltbarkeit, ihrer Widerstandsfähigkeit, ihres unverfälschten Aromas und unveränderten Wirkstoffgehaltes. Die Ränder der Beete und des Gartens sollen Stauden säumen, während im Innern des Gartens entlang des Gemüses die niedrigen Formen stehen sollten. Im Gemüsebeet erreichen Sie durch Anlegen von Reihenkulturen und Beipflanzung von Kräutern ein optimales Gedeihen der Salate und des Gemüses. Wo Sie Platz haben in Ihrem Garten, säen Sie Heil- und Gewürzkräuter aus. Entlang des Zaunes ist der richtige Platz für Beerensträucher.

Nicht zu vergessen ist der Holunder! Denn ein Holunderstrauch im Garten ist wie eine Apotheke gleich vor der Haustüre. Wildkräuter – immer noch als Unkräuter verschrien und verfemt – helfen, Ihren Garten chemiefrei zu halten und ihre eigene Lebensgrundlage zu sichern. Lassen Sie sie ungestört wachsen.

Der Obstgarten

Unsere Vorfahren hatten durch die Anpflanzung von Obstgärten das ökologisch und klimatisch Vernünftigste getan und Dörfer und Höfe harmonisch in die Landschaft eingebunden. Ihr Verschwinden ist ein Verlust von Eigenarten, Vielfalt und Schönheit, mehr noch von Nützlichkeit. Die positive Auswirkung auf das Kleinklima eines Dorfes ist erwiesen. Der Boden wird vor Erosion geschützt, die Bäume vermindern die Windgeschwindigkeit und gleichen Temperaturschwankungen zwischen Tag und Nacht aus. Sie regulieren und sanieren den Wasserhaushalt.
Sie bieten zahlreichen Tieren wie Vögeln, Reptilien und kleinen Säugetieren einen Lebensraum. Ökologen sind überzeugt, daß Streuobstwiesen die letzten wirklichen Grünlandrefugien sind, in der viele hochbedrohte Arten der Feldflur eine ökologische Nische finden. Gerade Kulturflüchter unter den Tieren haben hier ihr allerletztes Reservat gefunden.

Auf alte Streuobstbestände angewiesen sind der Gartenrotschwanz, der Rotkopfwürger, der Steinkauz, der Wendehals und Wiedehopf. Sie zählen zu den stark gefährdeten Vogelarten. In den Hochstammobstwiesen finden sich weitere Vogelarten ein: Fliegenschnäpper jagen nach Insekten, Spechte, Baumläufer und Kleiber suchen in den Borken der Stämme nach Nahrung, Meisen und Finken finden im Blattwerk genügend Raupen, der Star brütet in Höhlen, der Grauschnäpper in Halbhöhlen und Nischen. Helfen Sie Ihren Nützlingen. Schaffen Sie Ihnen weitere Nahrungsquellen durch Untersaat Ihrer Bäume mit Klee, Senf, Ringelblume, Doldenblütlern oder Wachsenlassen des Grases und der Brennesseln, sowie durch Mulchen und Stehenlassen dürrer Stauden.
Mit der Anlage eines Obstgartens und der Bepflanzung mit widerstandsfähigen, alten Hochstammsorten tragen Sie wieder zur biologischen Stabilität Ihrer Umgebung bei und gebieten dem weiteren Niedergang einer einzigartigen Tierwelt Einhalt. Bemühen Sie sich aber um alte Sorten.
Obstbäume als Bestandteil unserer Kulturlandschaft stehen für Schönheit und Harmonie wie für Tradition, die weitergegeben und gepflegt werden sollten.

Wege

Der lebende Weg –
Mensch, Tier und Pflanze ist er von Nutzen

Ein Weg, den man gerne geht

Stufen, die nicht weg von der Natur, sondern zu ihr hin führen

*Ein Gartenweg,
wie ein Stück frisch gemalte Natur*

Naturwiese

Die »wilde Idee« –
eine Chance für die Vielfalt der Natur

Wo Nährstoffe fehlen – schönste Blüten

Der Natur freien Lauf,
sie gewähren und ihr Zeit lassen

Spielwiese der Natur

*Wildwiese –
ökologisch äußerst
wertvoll
und von hohem
ästhetischem Reiz*

Vielfältig
sind sie vorhanden ...

die Zeichen
gesunder Umwelt

Blumen, die nicht verwöhnt werden wollen

Begrünte Hauswände

Kletterpflanzen für mehr Natur in unserer Wohnwelt – geachtet und beliebt seit altersher

*Schön und nützlich –
als Gestalter einer maßstabslos und
unwirtlich gewordenen Lebensumwelt
wieder neu entdeckt*

Seelenspiegel der Bewohner

*Kletterpflanzen wie Bäume –
Früher Lebenssymbol, heute benötigt als
Sauerstofflieferanten und Schallschlucker*

Staudengarten

Stauden – sie stehen für Nützlichkeit, Schönheit und Harmonie

Der Schmetterling lebt von dem Nektar der Blume.
Er bestäubt sie dabei – ein wichtiger Kreislauf in der Natur

Über den Winter
stehen gelassen,
dienen sie Vögeln
und Insekten
als Heimstatt
und Nahrungsquelle

Kleine Schönheiten wollen entdeckt werden

Gleichgewicht zwischen Natur und menschlicher Arbeit – dennoch wurde der natürlichen Ordnung Vorrang vor der geschaffenen eingeräumt

Alles wirkt, ist durchdacht und oft kunstvoll durchgestaltet

Ein Tummelplatz für Schmetterlinge und Bienen

*Dem Rhythmus der Natur unterworfen –
alles ist vergänglich*

Bauerngarten

Verzierter Nutzgarten –
das kleine geschützte Paradies

Gefährten und Weggenossen des bäuerlichen Lebens

Das engste und persönlichste Stück Land der Bäuerin

*Früchte erinnern,
daß Fruchtbarkeit nur aus einem gesunden Boden
entstehen kann*

Der Zaun bietet Schutz und Geborgenheit im Garten

*Geordnet,
aber nicht
zu Tode geordnet*

Friedvolle bäuerliche Einheit

Die Liebe der Bäuerin zu ihrem Garten
im Spiegelbild der bunten Blumenpracht

Obstgarten

Natur im Obstgarten –
Hilfe für unser Leben

Unterbewuchs als Beitrag zur biologischen Stabilität

Streuobstwiesen – ein Gewinn an Abwechslung, Schönheit und Nützlichkeit

Eine ökologische Nische für bedrohte Arten der Feldflur

Blumengarten

*Jede Blume eine Botschaft –
eine Freude*

Frühlingsbühne

Ein Garten wie ein Gedicht

Mischkulturgarten

Die Natur als Vorbild –
keine Monokultur –
kein unbedeckter, unbewachsener Boden

*Dem Menschen wurde das Recht gegeben,
die Natur zu nutzen –
und die Pflicht aufgetragen,
sie zu schützen*

Teiche - Naßstandorte

Jeder grüne Halm –
ein Spender des lebensnotwendigen Sauerstoffs

Alles Leben ist auf Vielfalt ausgelegt

Quellen, Tümpel, Teiche und Weiher –
von unseren Vorfahren als lebensspendende Heiligtümer verehrt –
Geburtsstätten, Lebens- und Nahrungsraum
unzähliger Tier- und Pflanzenarten

Das Wasser ist die Wiege des Lebens ...

… nur mit ihm vermag Leben zu existieren und sich zu vermehren

Perlen der Natur.
Zeichen, die leise zu uns sprechen

Pionierstandorte

Wir sollten alles, was blüht, lieben –
Wenn Ihrer Hand nach Ausrupfen ist,
halten Sie sie dennoch zurück

Sie finden auf jedem Fleck,
was sie zum Leben brauchen

Lückenfüller und Lückenbüßer

Bahnbrecher –
wie lange noch führen wir diesen Kampf gegen alles,
was von alleine wächst und im Wege steht?

Hecken

Lebender Zaun

Wichtig ist es,
beerentragende Sträucher zu pflanzen,
um den Vögeln über den Winter zu helfen

Die Naturhecke gewährt einer Vielfalt von Tieren und Pflanzen Lebensraum

Laub ist kein Müll!
Liegen gelassen, wo es hinfällt,
ist angewandter Naturschutz

Heimische Tierwelt ist auf heimische Pflanzenwelt angewiesen

*Ein komplexes Ökosystem –
speichert Wasser, verhindert Bodenerosion,
gibt Windschutz und gestaltet die Landschaft*

Zäune

Gräser und Blumen machen einen Zaun lebendig

In harmonischem Zusammenspiel:
der Staketenzaun, Sträucher und Blumen

Steingarten

Idealer Lebensraum wärmeliebender Tiere und Pflanzen

Gartengrenzen sind nicht nur Grundstücksabgrenzungen, sie sind auch Glied der Lebens- und Nahrungskette im Garten

Ruderalplatz

*Auch Schuttsiedler haben ein Recht auf Leben.
Sie sind Zeugen einer freien Pflanzenwelt mit einem Reichtum
an spezialisiertem Leben*

Schuttsiedler – Zeichen für Lebenskraft und Künder der Zerstörung unserer Umwelt

Moderplatz

*Angewandter Naturschutz – Refugium für neues Leben.
Ein Platz, auf dem sich auch Hühner wohl fühlen*

Noch immer für »brave und ordentliche« Menschen ein Zeichen für Faulheit und Schlamperei. Dennoch ist der Moderplatz für viele Pflanzen und Tiere die letzte Überlebensmöglichkeit

Schlag

Jeder Standort, jeder Boden sind geeignet,
um den mit Leben strotzenden Schlag anzulegen

Der Schlag erreicht einen hohen Grad an Verwilderung – ein Umdenken hat eingesetzt, und ein wichtiger Schritt in Richtung Naturschutz für bedrohte Arten ist getan

Verwilderte Gärten

*Der Mensch geht –
die Natur kann sich wieder entfalten*

Heile Welt –
Ein Garten aus alter Zeit

Dies ist weder Unkraut noch Ärgernis, sondern Hoffnung zum Überleben

Der Blumengarten

Bringen Sie mit bunten Sommerblumen Leben ins Gartenbild. Was Farbenreichtum und Blühfreudigkeit betrifft, geben sich diese einjährigen Arten geradezu verschwenderisch. In Haus- und Terrassennähe eignen sie sich besonders gut. Aber auch zur Untersaat von Büschen und Stauden sind sie ideal. Als Zwiebelgewächse in der Naturwiese verstreut, setzen sie im Vorfrühling farbenfrohe Punkte und erfreuen das Auge. Das Blumenleben ist sehr kurz. Es verläuft innerhalb einer Vegetationsperiode. Sie sollten dennoch erst nach den Eisheiligen (15. Mai) ausgesät oder ausgepflanzt werden. Bis zum ersten Frost im Spätherbst blühen sie dann unermüdlich. Die Blütezeit einiger Sommerblumen kann verlängert werden, wenn Sie bestimmte Blumen in längeren Zeiträumen immer wieder erneut aussäen. Für Schnittblumen kommen in der Regel nur sonnige Standorte in Frage. Eine Einfassung des Gemüsegartens mit Sommerblumen ist empfehlenswert.
Denken Sie auch schon im frühen Herbst daran, wie und wo Sie Ihren Garten durch zusätzliche Frühlingsbluher noch aufwerten können. Pflanzen Sie unter Gehölz und in den lichten Schatten von Bäumen: Blaustern, Traubenhyazinthen, Schneeglöckchen, Winterling, Märzenbecher und Schneestolz. Sich gegenseitig schützende und unterstützende Blumen sind zusammenzubringen. Als Vorbild für den Blumengarten kann der alte Bauerngarten dienen, denn nie sieht man in ihm Blumenbeete in Monokultur. Durch geeignete Mischpflanzung – alle Blumen sind mit heilenden Kräften in Blüte, Blatt und Wurzeln ausgestattet – können Schädlinge und Krankheiten abgewehrt werden. Leider sind die heutigen Modepflanzen nicht mehr mit all diesen Kräften, Düften und Wirkstoffen ausgestattet. Bevorzugen Sie bei der Auswahl geläufige, alte Sorten und stellen Sie diese dann nicht wie immer wieder empfohlen wird nach Farbe, Größe und Blühzeiten zusammen, sondern nach Wirk- und Abwehrstoffen. Unterdrücken Sie die von selbst gewachsenen, natürlichen Begleitpflanzen, d.h. Wildkräuter nur, wenn sie überhand nehmen, denn sie helfen, die Widerstandskraft der Blumen zu steigern. Folgende Zusammenpflanzungen bewähren sich: Traubenhyazinthen zu Tulpen, Lilien mit Kaiserkrone, Ringelblume zu Rosen und Stauden, Wolfsmilch (Vorsicht giftig) zu Blumen, Mutterkraut mit Stauden, Narzissen mit Rosen etc..

Der Mischkulturgarten

Die Bodenpflege und Förderung des Bodenlebens ist das oberste Gebot für gesundes und üppiges Wachstum im Nutzgarten wie auch im Blumengarten. Nicht die Pflanzen selbst sind zu düngen, sondern der Boden ist auf natürliche Weise zu beleben, d.h. mit wertvollen Stoffen zu versorgen. Dies erreichen Sie am besten durch Flächenkompostierung, in Anleh-

nung dessen, was sich in der Natur am Beispiel des Waldes abspielt. Im 50cm-Reihenabstand wird im zeitigen Frühjahr Spinat eingesät. Zwischen den Spinatreihen wird das Gemüse und der Salat eingepflanzt. Vor der Blüte schneidet oder hackt man die Spinatblätter ab, die dann mit den Wurzeln verrotten und dabei die Bodenfruchtbarkeit fördern. Die Blattmasse des Spinates dient nun als Trittweg zwischen den Kulturen und als Grundlage und unterste Kompostschicht. Dieser Flächenkompost wird im Laufe des Jahres durch Aufbringen zusätzlicher Pflanzenabfälle weiter aufgebaut. Da die Umsetzung schneller und wirkungsvoller vonstatten geht, ist er dem Komposthaufen vorzuziehen. Zusätzlich zur Förderung der Bodenfruchtbarkeit beschattet er den Boden, schützt ihn vor Erosion und dem Austrocknen und läßt Wildkräuter nur schwer aufkommen. Die Voraussetzungen sind nun geschaffen, um die Pflanzen optimal und naturgemäß zu ernähren.
Primär werden die vielfältigsten Pflanzen durch Mischung so zusammengestellt, daß sie sich vor Schädlingen schützen und gegenseitig stützen. Chemische Unkraut- und Insektenvertilgungsmittel erübrigen sich dadurch. Um der Bodenmüdigkeit vorzubeugen und Schädlingspopulationen zu verhindern, ist jährlicher Fruchtwechsel wichtig. Am einfachsten läßt sich dieser durchführen, wenn die verschiedenen Kulturpflanzen in Reihen nebeneinander gepflanzt werden. Durch den Fruchtwechsel wird verhindert, daß mit sich selbst unverträgliches Gemüse und Kräuter zweimal nacheinander auf dem selben Stück Erde angepflanzt werden. Dieser ist gewährleistet, wenn ein Jahr später die Gemüsepflanzen auf den vorjährigen Spinatreihen gesät und gepflanzt werden.
Graben Sie aber bitte Ihr Gemüsebeet im Herbst nicht um. Das Bodenleben wird sonst zu stark gestört, ebenso die gut funktionierende Auf- und Abbewegung von Wasser und Nährstoffen zwischen den einzelnen Bodenschichten. Zu empfehlen ist leichtes Lockern des Bodens mit der Grabegabel, die oberflächige Einarbeitung von Kompost und die Bodenbedeckung durch eine Mulchschicht. Sehr zu empfehlen ist, in den gelüfteten Boden Senf einzusäen, ihn abfrieren und über den Winter liegen zu lassen. Im Frühjahr ist er gut verrottet und die Einsaat von Kulturpflanzen kann von neuem beginnen.

Der Gartenteich

Quellen, Tümpel, Teiche und Weiher waren einst ein vertrautes Bild im Dorf und in unserer Landschaft. Die Anlage von Naturteichen und Naßstandorten mit unterschiedlicher Ausgestaltung ist dringend erforderlich. Hierzu eignet sich grundsätzlich jeder Platz. Allerdings ist eine nach Süden orientierte Lage zu bevorzugen und dann noch eine Stelle, an der sich von Natur aus Wasser sammelt. Steht Ihnen aber nur ein beschatteter Standort zur Verfügung, so ist auch dies kein Hinderungsgrund, ihn dort anzulegen. Der Tier- und Pflanzenbesatz wird dann aber nicht so vielfältig sein. Wie groß Sie den Teich anlegen, ist Ihnen überlassen. Eine kleine Pfütze ist besser als keine. Es gilt: Je größer, desto ökologisch stabiler. Wenn es die Größe Ihres Grundstückes zuläßt, sollte die Wasseroberfläche mindestens 25 m^2 groß sein und eine tiefe Stelle von 1 m haben, damit Ihr Teich eine eisfreie Stelle hat. In ihr können Molch- und Insektenlarven, evtl. sogar Grasfrösche überwintern. Natürlich ist die Anlage des Teiches mit einigem Arbeitsaufwand verbunden. Sie werden aber nach seiner Fertigstellung mit einer reichhaltigen Tier- und Pflanzenwelt belohnt, die sich jedoch erst nach und nach entwickelt. Den Aushub fahren Sie bitte nicht weg, sondern benutzen Sie ihn zur Gestaltung Ihres Teichrandes und der näheren Umgebung. Da größtenteils kein Grundwasser zu Tage tritt und der Untergrund nicht ausgesprochen lehmig (Lette) ist, muß der Teich abgedichtet werden, sonst versickert das Wasser. Hierzu eignen sich als Abdichtungsmaterialien insbesondere Lehm oder eine PVC-Folie, wobei der Lehm wegen seiner Natürlichkeit der Folie vorzuziehen ist. Bei einem 25 m^2 Teich ist dann eine Lastwagenladung mit ca. 10 m^3 Lehm erforderlich. Der Ton oder Lehm muß in feuchtem und knetbarem Zustand aufgestampft und mit Wasser eingeschlämmt und geglättet werden. Die Schicht sollte mindestens 20 cm dick sein. Zug um Zug müssen dann noch magere Erde (Aushub) aufgetragen und sogleich Wasser eingelassen werden, damit das Abdichtungsmaterial nicht austrocknet und rissig wird. Der Boden verhindert das Auflösen des Lehms und Tons. Tiefwurzelnde Pflanzen können ihn aber leicht undicht werden lassen, sodaß nachgefüllt werden muß. Regenwasser, von der Dachrinne in den Teich zugeleitet, erspart Ihnen viel Arbeit. Die niedrigsten Kosten pro Quadratmeter Wasserfläche haben Sie, wenn Sie eine spezielle Teichfolie in einer Stärke von mindestens 1 mm verwenden. Beim Auslegen der Folie sollten spitze Steine und Wurzelwerk vorher entfernt werden. Ganz sicher gehen Sie, wenn Sie die Folie auf Sand legen. Auf alle Fälle sollte die Folie bis zur Bodenoberfläche reichen und gleichzeitig beschwert werden, um zu vermeiden, daß das Wasser vom umgebenden Erdreich hochgezogen und der Teich durch die Dochtwirkung allmählich entleert wird. Über die Folie wird dann eine ca. 10–15 cm dicke Schicht aus Sand oder ein Lehm-Sandgemisch gleichmäßig ausgebreitet, in der Pflanzen wurzeln können und Wassertiere Unterschlupf finden. Nährstoffreiche Böden, wie humusreiche Gartenerde sind nicht geeignet, weil Eutrophierung droht.

Was die Gestaltung Ihres Teiches betrifft, nehmen Sie sich wiederum ein Beispiel an der Natur und legen Sie Flachwasserbuchten an mit 5–20 cm Tiefe, in denen sich das Wasser schnell erwärmt und Amphibienlarven sich bestens entwickeln können. Bauen Sie kleine Inseln, Sand- und Kiesbänke; erschaffen Sie verschieden breite und unterschiedlich tiefe Vegetationsgürtel am Rande Ihres Teiches, um so

vielfältigen Wasser- und Sumpfpflanzen sowie Tieren ein Überleben zu ermöglichen. Damit das Hineinwuchern von Pflanzen bis zur Teichmitte verhindert wird, sollte im Anschluß an die Flachwasserzonen der Teichboden in einen 45°-Winkel abfallen, wodurch sich auf der Folie kein Erdreich halten kann und diese so unbedeckt bleibt.
Wenn Sie etwas Geduld aufbringen und die Natur sich selbst überlassen, so werden sich einige Pflanzen ganz von alleine ansiedeln. Oder besorgen Sie sich beim Gärtner einheimische Wasserpflanzen.

Geeignet sind für die *Sumpfzone:*
Sumpfdotterblume, Sumpfvergißmeinnicht, Wasserminze, Bachbunge, Sumpfcalla, Weidericharten, Seggenarten, Zwerg- und Flatterbinse,

für die Flachwasserzone (0–40 cm):
Blumenbinse, Breitblättriger Rohrkolben, Fieberklee, Froschlöffel, Igelkolben, Kalmus, Pfeilkraut, Schilfrohr, Tannenwedel, Wasserschwertlilie und

für die Tiefzone, die dem Teich den notwendigen Sauerstoff liefert (40 cm und tiefer) als Schwimmpflanzen:
Hornkraut, Froschbiß, Krauses- und Schwimmendes Laichkraut, Tausendblatt, Wasserhahnenfuß

und als *Unterwasserpflanzen:*
Armleuchten und Wasserpest.

Ohne Ihr Zutun werden sich auch die typischen Teichbewohner einstellen. Es besteht eine Wechselbeziehung zwischen Ihrem Teich und der Umgebung. Diese ist um so intensiver und ungestörter, je natürlicher das Umfeld ist. Amphibien benötigen als Wandertiere moderndes Pflanzenmaterial wie Laub unter Hecken, aufeinandergelegte Äste, Stein- und Reisighaufen. Gelangen Nährstoffe aus einem gedüngten Gemüsegarten oder Rasen in den Teich, so kippt dieser eines Tages durch zu starkes Algenwachstum um. Das bedeutet den Erstickungstod für darin befindliches Leben und das Aus für Ihren Öko-Teich.
Welche Arten von Tieren sich in Ihrem Teich einfinden werden, hängt von vielen Faktoren ab, wie der Lage, der Größe des Teiches, des Umlandes und deren Ökologie sowie der Qualität des Wassers. Amphibien stellen ganz spezifische Anforderungen an das Laichgewässer und dessen Umfeld. Wenn diesen entsprochen wird, siedeln sie sich dauerhaft an. Egal ob sie zugewandert oder eingesetzt worden sind.
Die Kreuz- und Wechselkröte braucht eine Grundstücksgröße von 750–1000 m^2, die Geburtshelferkröte gibt sich mit weniger zufrieden. Alle mögen sie viel Sonne in ihren Laichgewässern und an ihren Sommerstandorten.
Auch der Springfrosch, der Grasfrosch und die Erdkröte erfordern wie der Feuersalamander ein großes Umland, dieser jedoch zusätzlich noch Waldrandlage. Berg- und Fadenmolch haben in

kleineren Grundstücken eine Überlebenschance. Allesamt aber lieben sie vorwiegend schattige Sommerplätze mit gelegentlicher Besonnung des Erdreiches.
Wenn auf den Teich Sonne fällt, so fühlen sich in den seichten Stellen des Gewässers, wie in Tümpeln und Wasserlöchern die Gelbbauchunke, Rotbauchunke, der Wasserfrosch und der Kammolch besonders wohl. Der Wasserfrosch und der Kammolch halten es auch in warmen Regionen in einem beschatteten Teich ganz gut aus.
Keine speziellen Ansprüche an den Teich zur Laichablage und an die nähere Umgebung als Lebensraum stellt der Teichmolch. Ganz empfindlich jedoch auf Veränderungen bezüglich seiner Umgebung reagiert der kleine, grüne Laubfrosch. Er bevorzugt lichte, durchsonnte Schilf-, Rohr- oder Igelkolbenbestände, mehr noch Weidensträucher mit einer Mindestbreite von 4 m im sumpfigen Bereich.
Doch bevor sich die Amphibien einstellen, flitzen längst Wasserläufer über die Oberfläche, stellen Rückenschwimmer kleinen Wasserinsekten nach, webt die Wasserspinne ihr Netz im Wirrwarr von Tauchpflanzen. Der gefräßige Gelbrandkäfer macht Jagd auf kleinere Wassertiere und Wasserschnecken verzehren Algen und abgestorbene Pflanzenteile. Ruckartig schwirren Libellen durch die Luft. Haben Sie aber keine Angst, sie stechen nicht!
Um dieses Leben in Ihrem Teich und um ihn herum aufrechtzuerhalten, fallen einige wenige Pflegemaßnahmen an: wie das Zurückschneiden starkwurzelnder Wasserpflanzen, das Herausholen von faulem Laub, Ästen und abgestorbenen Pflanzen im Herbst oder zeitigen Frühjahr, deren Zersetzung viel Sauerstoff verbraucht, sowie das gelegentliche Nachfüllen mit weichem Wasser (Regenwasser).
Diese Arbeiten sollten Sie am besten abschnittsweise über drei Jahre verteilen, damit anwesenden Arten Ausweichmöglichkeiten gegeben werden und ihnen ihre Lebensgrundlage nicht gänzlich entzogen wird.

Der Pionierstandort

»Lieben sollten wir alles, was irgendwo grünt und wächst, und die Hand zurückhalten, der es nach Ausrupfen ist«, sagt der Hamburger Botanik-Professor Adolf Weber. »Denn jeder grüne Halm ist Bestandteil der gigantischen chemischen Fabrik der Pflanzen, die das Kohlendioxid der Atmosphäre bindet und den Sauerstoff entläßt, von dem wir leben.«
Kaum noch eine Chance gibt es für die vielen Pioniere, spezielle Pflanzengemeinschaften, die auf jedem Dreck und Fleck finden, was sie brauchen. Sie sind die Lückenfüller und Lückenbüßer auf Plätzen, die ihre Konkurrenten erst nach und nach besiedeln. Was sie benötigen, sind reichlich unbewachsene Flächen.
Darum helfen Sie mit, diesen Biotop wieder neu zu erschaffen. Lassen Sie auf Ihrem Grundstück an

irgendeiner Stelle eine Fläche frei oder einen Haufen ohne Humusbedeckung liegen, wie z. B. nach dem Garagenbau, Hüttenbau, Weiherbau etc.. Schütten Sie irgendwo im Garten einen Hügel auf. Wegränder und freie Plätze lassen Sie ohne Humusbedeckung offen liegen, schichten Sie einfach Steine auf. Bekiesen Sie Ihre Wege und bauen Sie sich eine Natursteinmauer. Spontan werden sämtliche Lücken von genügsamen und schnellwachsenden »Pionierpflanzen« angenommen. Die Königskerze, Kratzdistel, Raukohl, Pfaffenröhrlein, Ruprechts-Storchenschnabel, Zaunwinde, Johanniskraut, wilde Möhre, Malve, Huflattich, Hornklee, Wegwarte, Nachtkerze und viele andere mehr werden aus dem kargen Boden herauswachsen. Mit diesem Pflanzenleben erwacht auch ein ebenso üppiges Tierleben.

Die Hecke

Die Naturhecke ist ein komplexes Ökosystem und erfüllt im Gesamthaushalt der Natur wichtige Funktionen. Sie ist der Garant für Artenvielfalt, wie wir sie aus früheren Zeiten noch kennen. Der Pflanzenbewuchs in und um eine Hecke bildet in seiner Vielfalt ein in sich geschlossenes Ganzes. Von allem aus der Naturlandschaft ist etwas da: Bäume, Sträucher, Kräuter und Blumen. Nicht zu übersehen ist die Vielfalt der in der Hecke Zuflucht und Nahrung findenden Lebewesen, wie Hasen, Igel, Bienen, Mäuse, Amphibien, Vögel und Insekten. Alles was krabbeln, kriechen, fliegen, schleichen und laufen kann, findet in ihr Schutz. Jede Art ist von der anderen zur Erhaltung der eigenen abhängig. Alle sind sie Glieder von Nahrungsketten und in Nahrungsnetzen miteinander verwoben.
Unsere Vorfahren kannten den Wert der Hecke und wir lernen endlich wieder ihren Nutzen neu zu begreifen. Hecken verhindern Erosionen, bringen Windschutz und binden Schmutzpartikel aus der Luft. Als Wasserspeicher regulieren sie den Wasserhaushalt, schaffen und stabilisieren darüber hinaus ein Kleinklima. Ihr ästhetischer Wert und ihr Zweck zur Grundstücksabgrenzung ist nicht minder unwichtig.
Mit einer Hecke, die sie pflanzen, leisten Sie einen wichtigen Beitrag für den Tier- und Pflanzenschutz. Jedoch müssen Sie sich von Ihrer sterilen und lebensfeindlichen Thuja-Hecke, die Ihr Grundstück umgibt, trennen und die Gehölzarten, die Sie neu pflanzen, vielfältig mischen. Die Tierwelt, die sich einfinden wird, ist um so vielfältiger, je abwechslungsreicher Sie die Hecke gestalten. Wechseln Sie dichte, undurchdringliche Gehölze, die zum Teil Dornen oder Stacheln tragen, mit lichteren Gruppierungen ab. Hainbuche, Schwarz- und Weißdorn, Brombeere und Heckenrose werden von Vögeln bevorzugt als Schutz- und Deckungsplätze angenommen. Sie leisten einen aktiven Beitrag zur Bekämpfung von Schädlingen in Ihrem Garten und der näheren Umgebung. Vergessen Sie aber beim Pflanzen Ihrer Hecke nicht, immer wieder einen hochstämmigen

Laubholzbaum bzw. Obstbaum dazwischen zu setzen, um so den ökologischen Wert zu steigern. Geben Sie bei der Auswahl der Pflanzen ihrer ökologischen Bedeutung Vorrang vor Standortansprüchen und Wuchseigenschaften. Es ist sehr wichtig, daß der Großteil Blüten und Beeren trägt, damit Bienen und Vögel sich davon ernähren können. Einige der zur Bepflanzung in Betracht kommenden Sträucher sind: Bluthartriegel, Kreuzdorn, Schlehe, Hundsrose, Heckenkirsche, Brombeere, Öhrchenweide, Himbeere, Faulbaum, Kornelkirsche, Purpurweide, Gewöhnlicher Schneeball, Wolliger Schneeball, Haselnuß, Sanddorn, Schwarzer Holunder, Weißdorn, Vogelbeere, Pfaffenhütchen, Feuerdorn, Felsenbirne; als Bäume: Holzapfel, Salweide, Steinweichsel, Speierling, Eibe, Schwarzerle, Hainbuche, Vogelkirsche, Feldahorn, Eberesche, Traubenkirsche und Mehlbeere sowie hochstämmige Obstbäume, möglichst aus Baumschulen der nahen Umgebung. Um Schmetterlinge anzulocken, pflanzen Sie einen Sommerflieder. Sofern die Äste der Hecke den Straßenverkehr nicht behindern, gibt es wohl kaum einen Grund, sie jedes Jahr zu beschneiden. Haben Sie Geduld und vor allem Mut, und lassen Sie sie gewähren. Ein Schneiden und Auslichten kann erforderlich werden, wenn Sie zu hoch, zu dicht oder zu licht geworden ist. Wegen der Brutzeit darf aber keinesfalls im Sommer zurückgeschnitten werden. Die Zweige sollten überhängend bleiben, um einen natürlichen Übergang zur Wiese zu schaffen. Lassen Sie unbedingt das Herbstlaub und Altholz unter der Hecke liegen, damit am Boden lebende Tiere und abgelegte Eier die Eiseskälte des Winters unbeschadet überstehen. Achten Sie beim Mähen darauf, daß das Gras unmittelbar am Heckenrand noch stehen bleibt. Ein Übergangsbereich, so wie Sie ihn vom Waldrand kennen, muß auch im Garten möglich sein.

Der Zaun

Einen Platz für eine freiwachsende, dichte Hecke hat nicht jeder. Aber für einen Zaun reicht es in den meisten Fällen. In Ihrem Zaun wird mehr Weisheit als in einem Buche stecken, wie das bereits Gottfried Keller feststellte, wenn Sie bei der Errichtung und Wartung Ihres Zaunes folgendes beachten:

1. Passen sie Ihren Zaun dem Gelände an.
2. Der historisch-traditionelle Staketen- oder Hanichlzaun steht den ländlichen Gärten am besten zu Gesicht. Er ist der Einfachste, der Natürlichste und zugleich der Billigste.
3. Verzichten Sie auf halbhohe Zäune sowie auf die Modezäune wie den Jägerzaun.
4. Verwenden Sie unbehandeltes Holz. Die Spitze von Pfählen können Sie durch Ankohlen vor dem allzuschnellen Faulen schützen.

5. Nehmen Sie Holz mit Rinde, damit Marienkäfer und Schlupfwespe Unterschlupf finden.
6. Ihr Holzzaun ist um so natürlicher, je schlichter er ist und paßt dann harmonisch in die Umgebung.
7. Lassen Sie Gräser, Kräuter und Büsche als Begleitflora am Gartenzaun stehen. Geben Sie diesen Pflanzen eine Chance, sich mit dem Zaun zu verbinden.
8. Wenn Sie das Holz nicht anstreichen, so erhält es mit der Zeit einen silbergrauen Verwitterungston. Schwarzangestrichene Zäune wirken wie Trauerflor. Nehmen Sie als Holzbehandlungs- bzw. Anstrichmittel natürliche, umweltfreundliche Mittel, wie sie im Handel seit geraumer Zeit angeboten werden.

Wenn Ihr Gelände aber unbedingt eine Mauer zum Abstützen des Erdreiches erforderlich macht, errichten Sie eine Trockenmauer. Eine Mauer, die ohne Mörtel, durch lockeres Aufschichten von unterschiedlich großen Steinen »trocken« aufgebaut wird, läßt durch Einbeziehung von Lücken und Nischen vielfältiges Leben aufkommen. Eidechsen und andere seltene Kleintiere und Pflanzenarten werden sich einfinden – Tiere und Pflanzen, die durch das Verschwinden von Lesesteinwällen draußen in der Natur ihre Lebensräume eingebüßt haben.

Der Steingarten

Nachdem die Lesesteinhaufen an Feldrändern durch die Flurbereinigung verschwunden sind, ist man sich des wahren Wertes dieser über viele Bauerngenerationen gewachsenen, zusammengelesenen Steinhaufen bewußt geworden. Eine steinalt gewordene Vielfalt von Tieren und Pflanzen ist höherer Erträge wegen ins Abseits geraten.
Wenn die Größe und Lage Ihres Gartens es zuläßt, dann können Sie Steine mit Geröll, Sand und Lehm zu einem keineswegs unansehnlichen Blickfang im eigenen Grün auftürmen. Unter Beachtung, daß die Steine in der Natur immer liegen und nicht, wie Palisaden, im Boden stecken, entsteht der Steingarten als ein idealer Lebensraum wärmeliebender Tiere und Pflanzen. Wie Sie die Steine arrangieren und an welcher Stelle des Gartens, ist Ihnen überlassen. Sie sollten die Steine aber immer wieder auch zu Haufen aufschichten und sonnenbeschienene Stellen im Garten bevorzugen. Das Mauswiesel als Hauptfeind der Wühlmäuse könnte zeitweise Schutz in Ihrem Garten finden. Ganzjähriger Zufluchtsort ist er zahlreichen nützlichen Käfern, Spinnen, Würmern, Asseln, Schnecken und Mäusen. Nützliche Hummelarten wie die Steinhummel haben in den Gängen ihre Brutplätze. Ideale Besonnungsstätten und Höhlen zum Ablegen der Eier, die durch die erhöhte Wärmeleitung natürlicherweise ausgebrütet werden, finden Zaun-, Mauer- und Smaragdeidechse. Hier können diese wechselwarmen Tiere auf Beutefang gehen und

haben unter den Steinen sichere Überwinterungsmöglichkeiten. Reich gedeckt ist der Tisch für Vögel aller Art, wie auch für Schmetterlinge, die von den Blüten einiger höherer Pflanzen angezogen werden. Der Steinhaufen ist das Eldorado für niedere Pflanzen, wie Flechten, Moose und Farne. Er leistet in Ihrem Garten wertvolle lebenserhaltende Dienste und ist ein Glied der Lebens- und Nahrungskette.

Der Ruderalplatz

Vegetationskundler meinen damit Flächen, die von Menschen verwüstet wurden und sich anschließend selbst überlassen worden sind. Plätze mit fehlender geschlossener Bodendecke, auf denen grobes Schuttmaterial anorganischer und organischer Herkunft abgeladen worden ist. Tierkadaver, Jauche, Mauerstücke, Mörtelreste und Holz machten den Schuttplatz früherer Zeiten aus; heute ist der Industriemüll mit dazugekommen. Hinter jedem Dorf, in irgendeinem Hohlweg oder Loch, aber auch in der nächsten Umgebung des Wohnhauses, wurde der Schutt abgeladen. Hier kam neues Leben auf, das vom Abfall geradezu profitierte. Stickstoffliebende Zeigerpflanzen gediehen prächtig neben vermodernden Tierabfällen; kalkliebende Pflanzen kamen empor. Der Schuttplatz war das Eldorado von Pflanzen mit den verschiedensten Standortansprüchen. Die Wärme, Trockenheit und Nässe ließ eine vielfältige Tierwelt entstehen. Typisch waren Schwarznessel, Guter Heinrich und Herzgespann. Die Goldrute keimte, Brennesseln wucherten; die Nachtkerze stand nicht unweit des Bittersüßen Nachtschatten, der im feuchten Grund seinen Halt fand. Die Sumpfschafgarbe war ebenso zu Hause wie die Gemeine Melde. Das Gemeine Leinkraut wurde von Steinhummeln besucht und die Acker-Hundskamille stritt mit dem weißen Gänsefuß um den besten Standplatz. Die Raupe des Schwalbenschwanz tat sich an den Blättern der Wilden Möhre gütlich. Die Samenstände des Beifuß wurden im Spätherbst vom Zeisig heimgesucht. Zwischen den Spalten, Rissen und Hohlrainen kreuchte und fleuchte es. Auf den Blütenständen gaben sich unzählige Insekten zum Nektarsammeln ein Stelldichein.
Längst sind diese Plätze des Reichtums und der Vielfalt an spezialisiertem Leben versiegelt, zugeschoben und ausgelöscht, der Ordnung und der Sauberkeit in unserem Lande wegen. Schuttplätze sind Zeugen einer Lebenskraft und ein Dokument für Zerstörung ungezählter anderer Arten, die darunter zuallererst siedelten und durch Auffüllung verdrängt worden sind.
Helfen Sie mit, daß die letzten »wilden Deponien« ungebändigt bleiben, daß auf Schuttplätzen nur umweltverträgliches Material abgelagert wird, nicht alles Leben dort mit hemmungsloser Ordnungswut niedergewalzt wird.
Nicht nur der Mensch, sondern auch Schutt-Siedler haben ein Recht auf Leben.

Der Moderplatz

Irgendwo im Garten haben Sie sicher etwas Platz, um Äste und Zweige lose aufeinander zu schichten. Schichten Sie das Laub mit Reisig und Astabfällen einfach zu einem Haufen auf und überlassen es sich selbst. Ihr Moderplatz soll aber keine Modifikation des Komposthaufens sein, sondern ein Refugium für neues Leben. Er ist charakterisiert durch ganze Äste, Zweige und daraus wuchernde Brennesseln. Igel, Mauswiesel, Vögeln wie dem Zaunkönig und der Heckenbraunelle bietet er eine Herberge, dem Specht Nahrung. Im Winter haben Igel, Marienkäfer, die Erdkröte und Ringelnatter dort ihr wärmendes Zuhause. Bleibt der Moderplatz sich selbst überlassen, so blüht bald neues Leben daraus. Unzählige kleinste Lebewesen, Pilze, Flechten, Algen, Käferlarven sind in diesem Totholzlebensraum Tag und Nacht am Werk und wandeln das Holz allmählich zu wertvollem Humus um. Die heimische Pflanzen- und Tierwelt ist an den Umsetzungsprozeß in hervorragender Weise angepaßt. Die vielen Kleinlebewesen sind auf das Laub und das Holz angewiesen. Wenn Sie dieses wegschaffen, schädigen Sie sich und die Natur gleichermaßen. Durch den dann erforderlichen Einsatz von chemischen Düngemitteln und Spritzmitteln entsteht eine Störung des Stoffkreislaufes der Natur. Lassen Sie einen alten, abgestorbenen Baum stehen und übergeben Sie ihn der Natur, die die Arbeit des Verrottens übernimmt.

Der Schlag

Ein orkanartiger Sturm schlägt oftmals großflächige Schneisen in den Wald. Das Holz wird schnellstmöglich aufgearbeitet und so entsteht eine lichte Fläche, auf der sich alsbald eine üppig blühende Schlagflora ausbreitet, die sich durch kräftigen Wuchs, auffälliges Blühen und reichhaltige Samenstände auszeichnet. Durch aufkommende Gehölzpflanzen verschwindet diese an Tieren und Pflanzen reiche Lebensstätte in wenigen Jahren wieder. Mit einigem Aufwand und Wissen wird es Ihnen gelingen, diese in unseren Wäldern weitverbreitete, natürliche Lebensgemeinschaft auch in Ihren Garten zu holen. Jeder Standort des Gartens, jeglicher Boden sind geeignet, um den mit Leben strotzenden Schlag auch in unseren Siedlungsraum zu bringen. Alle Pflanzen aus Ihrer Umgebung, nur keine Gehölze, können zur Bepflanzung des Schlages, einem Vorstadium des Waldes, in Betracht kommen. Säen bzw. pflanzen Sie in vorbereitete Beete, was Sie aus dem nächstgelegenen Schlag gesammelt haben. Beachten Sie dabei das Naturschutzgesetz. Erfolgversprechend ist die Ansiedlung im eigenen Garten nur, wenn die Biotope zumindest was die Bodenqualität betrifft nicht allzu stark voneinander differieren. Saure Böden anzeigende Pflanzen gedeihen auf Kalkböden nicht. Was den Unterhalt betrifft, so müssen aufkommende Gehölzpflanzen samt Wurzelwerk alljährlich entfernt werden. Auf keinen Fall sollten die Schlagpflanzen regelmäßig geschnitten werden, das würde ihnen schaden. Zusätzlich zu den echten Schlagpflanzen lassen sich auch etliche Weidepflanzen, von Dauerweiden, die das Vieh meidet, ansiedeln. Allmählich stellt sich vielfältiges Leben ein: der Braune Waldvogel besucht die Blüte des Johanniskrauts, der Zitronenfalter die Gewöhnliche Kratzdistel, der Bläuling die Hauhechel. Kohldistel, wilde Karde, Brustwurz, Malve und Königskerze konkurrieren um den besten Standplatz und zahlreiche Tiere um Futterpflanzen und eine Behausung sowie einen geeigneten Partner. Finden sich zu all diesen Tieren noch einige vom Aussterben bedrohte Vögel wie der Neuntöter ein, dann ist aus der Freude am Schlag ein wichtiger Schritt in Richtung Naturschutz für bedrohte Arten getan worden.

Der verwilderte Garten

Gott hat den Menschen in ein Paradies voller Pflanzen und Tiere erschaffen und nicht in eine Wüste. Diese Hülle und Fülle an Leben gab er ihnen in die Verbannung mit, als Zeugnis und Hoffnungsträger für die in der Erlösung wiederkehrende paradiesische Welt. Im Umgang mit der Natur sollte er lernen, sie nicht nur als Verbrauchsgut anzusehen, sondern als Schöpfung Gottes zu betrachten, sie zu hegen und pflegen und zu erhalten. Ihm wurde das Recht zugestanden, sie zu nutzen und die Pflicht, sie zu schützen. Dabei sollte er das Gutsein wieder erlernen, um im Kampf um das tägliche Brot nicht in die Rücksichtslosigkeit zu verfallen. Denn mit der Ausbeutung und Vernichtung der Pflanzen und Tiere zerstört der Mensch sich selbst. Bemühen wir uns mit den Worten Franz von Assissis – »Ein jedes Wesen in Bedrängnis hat gleiches Recht auf Schutz« – um mehr Naturschutz und sehen in ihm eine ethische Verpflichtung mit höchster Priorität.
Lernen wir wieder den verwilderten Garten als ein Geschenk, als ein Stück Garten Eden zu begreifen und ihn als ersten Schritt ins Paradies zu verstehen. Das vollkommene Ökosystem ist eine Einheit von Schöpfung, Mensch und Schöpfer, die nicht voneinander zu trennen sind. Wer diese zerstört, zerstört nicht nur seine natürlichen Lebensgrundlagen sondern auch seelisch-geistige und ethisch-moralische Werte und darüberhinaus den Zugang zum Schöpfer.

Was zu tun und zu lassen ist

Was müssen wir für den wildschönen Naturgarten tun? Nicht viel! Im Gegenteil, wir müssen mehr unterlassen. Wenn Arbeit anfällt, so hauptsächlich im Mischkulturgarten und im Herbst im Obstgarten. Die anderen Elemente des Naturgartens bedürfen weniger Zuwendung.

Anregungen für den Naturschutz im Garten:

Spritzen Sie nicht mit chemischen Unkraut- und Insektenvernichtungsmitteln.

Lassen Sie alte Bäume stehen. Pflanzen Sie heimische Gehölze.

Wildkräuter wachsen lassen.

Verzichten Sie auf Kunstdünger.

Die Blumenwiese mit der Sense mähen, nicht mit dem Motormäher.

Hängen Sie für den Ohrwurm, einem Nachträuber, mit Holzwolle gefüllte Blumentöpfe, mit der Öffnung nach unten, an Bäume und Beerensträucher.

Verwenden Sie keinen Torf im Garten. Dies ist ein aktiver Beitrag für die Erhaltung der letzten Moore.

Legen Sie einen Komposthaufen an. Verlorengegangene Nährstoffe und Spurenelemente werden mit dem Humus dem Boden wieder zurückgeführt. Die Bodenstruktur wird verbessert und das Bodenleben gefördert.

Garten- und Küchenabfälle auf den Komposthaufen bringen.

Behandeln Sie das Laub nicht wie Müll. Liegen lassen, wo es hinfällt, ist angewandter Naturschutz.

Spaliere und Rankengewächse schneiden, aufbinden, abzwicken und abernten.

Zum Gießen Regenwasser in einer Tonne auffangen, das spart Trinkwasser. Lassen Sie darin Brettchen schwimmen, um Bienen und Vögeln gefahrlos das Trinken zu erleichtern.

Nisthilfen für Wildbienen aus totem Holz mit natürlichen Fraßgängen, Holzstücke mit künstlichen Bohrlöchern bzw. Bambusstengel an der Hauswand, Garagenwand oder an Bäumen anbringen. Aufstellen von morschen oder halbverrotteten Holzklötzen, -balken. Dickere Äste einzeln aufstellen oder zu einem Stapel aufschichten.

Eine Kiste mit Lehm füllen und mit einem Stöckchen mehrere kurze Gänge von 5–8 mm schaffen. Die Kiste an der Südseite der Hauswand aufstellen. Steilwandbewohnende Wildbienen wie Pelz-, Seiden-, Masken- und Furchenbienen werden von diesen Nisthilfen angelockt.

Schieben Sie im Winter die Schneeschicht von der Eisoberfläche Ihres Naturteiches, damit die Pflanzen genügend Licht erhalten und Sauerstoff produzieren können.

Achtung!

Kinder vor Giftpflanzen wie Seidelbast, Maiglöckchen, Eibe und Goldregen fernhalten.